MORGEN - AUBE

번역 알렉상드르 기유모즈
그림 방혜자

책을 펴내며

1943년, 제 2차 세계대전 중 헝가리에도 전쟁이 다가 오고 있었다. 부다페스트에 살고 있던 젊은 예술가 친구들인 한나 달로즈와 요셉 그로이체르 부부, 릴리 스트라우스와 기따 말라스 네 사람은 점점 더 파멸에 직면하고 있음을 느꼈다. 세상의 혼란 속에서 그들은 자신들 나름의 진실을 찾아내고 싶었다. 한나와 요셉은 일을 줄이고 부다페스트 부근 부달리게트라는 마을에 작은 집을 얻어 본질적인 문제에 더 집중하는 삶을 찾기로 했다. 기따가 그들과 합류했고, 릴리는 주말마다 그들을 만나러 왔다.

네 명 중 누구도 종교적 신앙생활을 하는 사람은 없었지만 똑같은 정신적 갈증이 이들을 강하게 이어주고 있었다. 어느 날 그들은 각자의 개인적 문제들이 무엇인지 글로 정리해 보기로 했다. 평범한 말로 자기의 걱정거리를 풀어 보인 기따의 피상적 태도를 못마땅해 하던 한나가 갑자기 소리쳐 말했다.

"잠깐! 지금부터 말하는 이는 내가 아니야."

한나는 명확한 의식으로 말을 하기 시작했다.
자신의 것이 아닌 말들을.

이후 17개월 동안 매주 금요일 세 시에 한나의 입을 통해 처음엔 대화 형식으로, 그 다음엔 메시지의 형식으로 표현된 것은 '빛의 힘'이었다. 그들 네 사람은 이 빛의 힘을 처음엔 '내면의 스승'이라고 부르다가 나중엔 '천사'라고 부르게 됐다.

독일이 헝가리를 점령한 이후 이들은 다시 부다페스트로 돌아왔다. 상황은 더욱 참혹하게 됐다. 유대인인 한나와 요셉, 그리고 릴리는 나치의 강제 수용소에 끌려가 그곳에서 사망했다.
네 사람 중 유일한 생존자인 기따는 16년이 지난 1960년 공산 치하가 된 헝가리를 떠나 프랑스에 올 수 있게 되었다. 이때 내면의 스승과 만났던 순간들이 기록된 공책을 가지고 왔다. 헝가리어로 쓰인 이 영적 체험의 기록은 1976년 기따에 의해 '천사와의 대화'[*]라는 제목으로 프랑스어로 번역돼 출간됐다.

독일어판은 그로부터 5년 뒤인 1981년 '천사의 응답'[**]이라는 제목으로 출간됐다. 독일어판에는 프랑스어판에는 없던 10편의 시적인 메시지가 추가됐다. '새벽'이라는 이름을 가진 천사가 한나의 입을 통해 독일어로 전한 메시지들로 당시 히틀러에 빠져 있던 기따의 독일계 친구를 위한 것이었다.

이 10편의 메시지는 이스라엘의 얏바셈 연구소에서 기따 말라스에게 헌정한 '정의로운 인간들 상' 수여식을 축하하기 위해 2012년 5월 처음으로 프랑스어로 번역[***] 출간됐다. 기따가 1944년 12월 나치 독재하의 부다페스트에서 100여명의 유대인 여인들과 아이들의 생명을 구해 준 공로에 대한 감사의 표시였다. 수여식은 2012년 5월 13일 파리에서 열렸다.

'천사와의 대화'는 출간 이후 많은 사람들에게 영적으로 깊은 영향을 주었다. 특히 빛의 화가 방혜자 화백은 빛의 힘을 전한 이 책을 읽으며 그의 작품세계에 많은 영감을 받았다. 나는 2008년부터 방 화백과 함께 '천사와의 대화'의 완역을 준비 중이다.

완역본을 내기에 앞서 이번에 새벽의 메시지를 먼저 출간하는 것은 빛의 메시지의 깊은 뜻을 한국 독자들과 함께 나누고 싶은 마음에서다. 한국어 번역이 독일어 원본의 놀라운 아름다움을 전할 수 있다고는 생각하지 않지만 이 책에 실린 빛의 메시지가 방회백외 그린이 빛과 공명하도록 최대한 노력했다.
그 빛은 매일 새벽 우리들의 마음 안에 퍼지기 시작하는 바로 그 빛이 아닐까?

이 번역을 위해 많은 도움을 준 친구들에게 깊은 감사를 드린다.

알렉상드르 기유모즈

**Dialogue avec l'ange*. Un document recueilli par Gitta Mallasz. Traduit du hongrois par Gitta Mallasz, nouvelle version revue par Dominique Raoul-Duval. Edition intégrale, Aubier, Paris, 1990.

** *Die Antwort der Engel*. Ein Dokument aus Ungarn, aufgezeichnet von Gitta Mallasz. Deutsche Fassung und Herausgabe von Elena Fischli mit freundlicher Hilfe von Gitta Mallasz. Daimon Verlag, Einsiedeln, Suisse, 1981.

***Morgen Aube. Messages transmis par Hanna Dallos, transcrits par Gitta Mallasz, traduits par Eric Lombard, Elena Hinshaw-Fischli. Edition-hommage en tirage limité, Daimon Verlag, Einsiedeln, Suisse. 2012.

1943년 12월 18일

X 에게 전하는 메시지.

얼마 전부터 나는 X 가 몹시 걱정스러워졌다. 그는 어린 시절을 나와 함께 보낸 친구인데 독일계인 그는 안타깝게도 히틀러에게 온통 관심이 쏠려 있었다.
광고 도안을 그리고 있던 한나는 갑자기 붓을 내려 놓고 내게 말했다. "독일 말이 들려. X 에게 전하는 말이니. 받아 써 봐!"
한나의 독일어는 그저 보통 수준이었고 게다가 시적인 재능은 조금도 없었다.

겁쟁이
응석받이야!
지도자는
단 한 분
하늘의 목자이시다.

그분은 말한다.
되어지리라고!

있었던 것은
진실이 아니다.
강철처럼 번쩍일 뿐
자취도 없다.
빠져나가려 하는 너
선택의 시간이 다가온다.

너는 성탄절 나무 등불처럼
놀라운 능력으로 빛나는 존재
정의로움을 행하라!
하늘의 선물을 허비하지 말라!
마지막 한 닢까지
갚아야 하리!

내 앞에서 두려움에 떨라!
네 안으로 기어들어야 헛수고이니
숨을 구멍은 없으리!
유리처럼 투명한 너
유리처럼 깨져라!
영혼은 자유로워야 하리!

존엄한 존재로 뽑혔건만
두더지처럼
진흙 속에서 헤매고 있구나.

기쁨도 없이 맴돌며 헤매일 뿐.
뛰쳐 나오라,
정신이여!
절실히 네게 고하니
신은 아신다
네가 누구인지.

나는 이 엄중한 경고에 충격을 받았다. 한나가 모든 단어들을 이해하지 못하므로 내가 헝가리어로 통역해 주었다. 우리는 X에게 메시지를 어떻게 전해줄 수 있을지 생각해 보았다. 그가 냉소하는 모습을 보일까 봐 염려스러워서, 내 삶에 일어난 변화에 대해 먼저 이야기를 하며 그의 반응을 보기로 했다. 그 후 얼마 되지 않아 그와 산책을 하게 됐다. 그는 말없이 내 이야기를 듣더니 질문을 했다. 나는 그의 마음이 움직인 것을 느꼈다. 나는 곧 자선서로 부딜리게드로 돌아가서 한나에게 X가 관심을 보였다는 이야기를 했다. 한나는 곧바로 다음과 같은 말을 듣게 됐다.

그는 내 사람
나 이제 한순간도
그를 버려두지 않으리!
나는 기뻐 웃고
넋 나간 듯 춤춘다.
그는 그래도
신의 모습 따라 지어진 존재 아닌가!
무거운 시련 겪을 테지만
오래가진 않으리.
그는 여전히 어린아이일 뿐,
숲 속에서 무서워 떨고 있네.
그러나 곧
밝아지리라.
부드럽게
눈부시지 않게
빛은 돌아오리.
그리고 우리 찬양의 노래하리.
밤은 길었네.
아주 길었네.

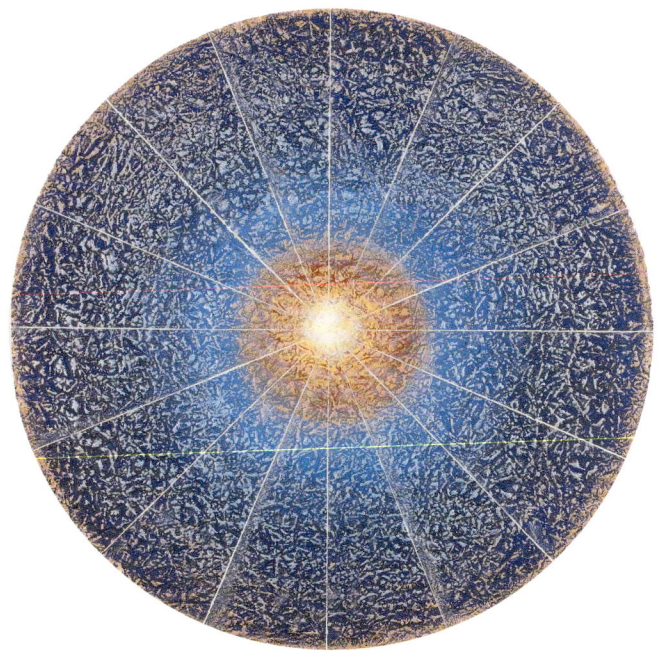

처음
"듣지 말고
쳐다보지 말고
찾지 말고
돌아보지도 말라.
단 한 분
이끄는 이 따라
그저 가기만 해야 하리!"

너는 **그분**의 아이 아닌가!
한없는 온유함으로
그분 너를 사랑하네.
눈 감으라,
보이는 것, 그 모두에!
너는 **그분**의 아이 아닌가!
반은 신 - 반은 흙
그렇게 되라!

자기가 지켜주는 존재가 이제 깨어나기 시작하는 것을 본 천사의 뜨거운 기쁨은 나를 뒤흔들었다. 불타오르는 듯한 그 기쁨에 비하면 우리가 갖는 느낌들은 얼마나 제한되고 미지근하며 잿빛이었던가!

바퀴

태어남과 죽음
빵과 시련
오물.
시작과 끝.
뒤집으라.
둘은 하나가 된다.

하늘의 기사가 되라!
승리하라.
증오와 전쟁에
평화와 사랑에
죽음과 비참함에
신과 오물에서
하나라는 기적이 생겨날 테니.
있었던 모든 것은
불쏘시개.

그분은 네게 날개를 주고
나는 노래하리.
고통없이
빛과 부드러움으로
눈먼 자들을
물리치니
빛
왕국은
가까이 오네.
바퀴는
멈춰섰네.

그분이 원하는 대로

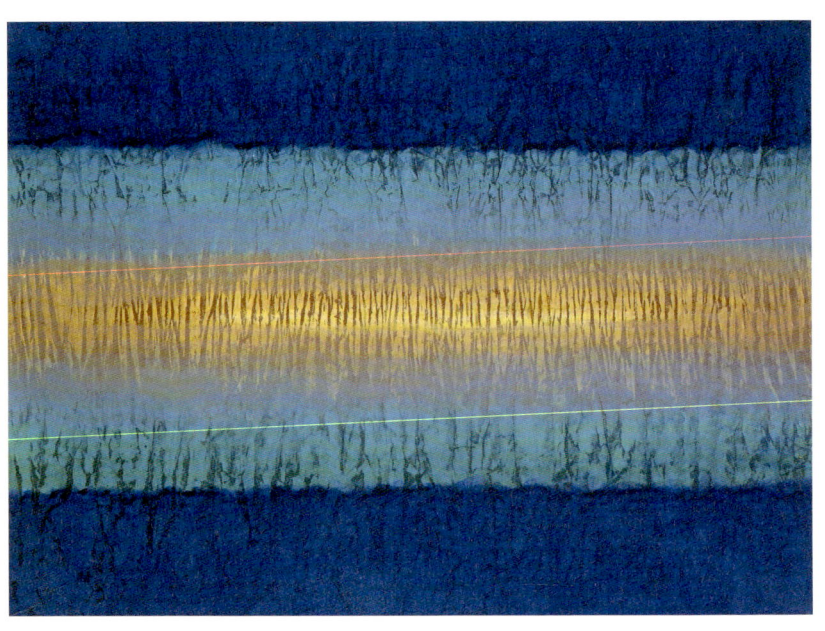

1944년 1월

X 에게 전하는 메시지.

나는 조용한 시간에 X 에게 여러 차례 연락해 보았으나 헛수고였다. 그는 시간이 날 때마다 줄곧 독일 방송을 듣고 있어서, 그의 정치적 관심이 천사의 메시지를 느껴 아는데 방해되지나 않을까 걱정스러웠다. 오늘 한나는 다시 독일어 말을 듣게 됐고 나는 그것이 내 근심에 대한 응답이라고 생각했다.

씨앗들은 흙과 온기가 필요하니
뜨거우면 부서지리!
기다리라!
아무 것도 하지 말라!
신의 힘이 일하도록 내버려 두라!
그러면 줄기 생겨나고
수액 그 안에 흐르리.
너는 오로지 노래 부르며
빛나기만 하라.
울지 마라!
대지는 촉촉하니
내버려 두라!
씨앗은 따뜻해지리.
세상은 가난했으나
그분
모든 것 밝게 비추리.

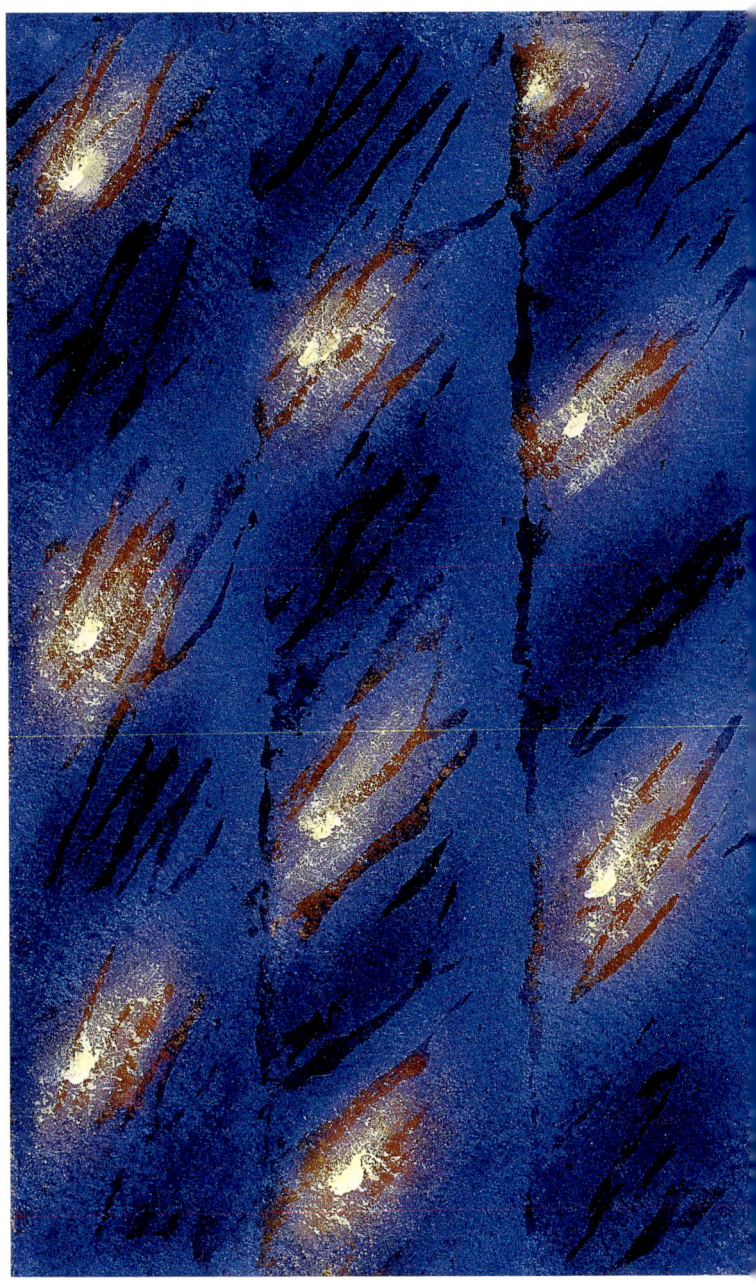

얼마 안되어 새로운 메시지가 전해졌다.

눈 속 세포는
밝음을 볼 수 없고
그저 쓰일 뿐
너는 세포가 아닌,
눈
흔히게 밥치라!
우주의 새로운 파동 위한
원천이 되라!
짐승의 눈은 빨아들인다.
너는 짐승도
장식물도 아니다.
너는 구원자
인간!
너는 밤을 물리칠 수 있으리.
새로운 파동은
눈먼 이들이
고통 속에
뒤엉켜 있는
계곡 아래로
빛을
비추네.

네 눈 빛을 발하니
고통이 멈추네.
밤이 무너지네.

빛이 있으라!

1944년 1월 12일

X 에게 전하는 메시지.

마침내 산책을 하며 X 를 위한 메시지를 전할 기회가 왔다. 그는 갑자기 걸음을 멈추며 몹시 놀라고 당황한 기색을 보였다. "그래, 하지만 실제 삶 속에서 내 역할이 뭐지?" 나는 그에게 "틀림없이 그에 대한 답을 얻게 될거야!" 하고 말했다. 오늘 나는 그 답을 적을 수 있게 됐다.

나는 너
잘 들어라.

반쪽 아치는
바로 설 수 없으니.
아주 가볍게 저 위에
서고
우뚝 솟아
받쳐주어야 하네.

흔들리면 안되니
자칫 기우뚱하며
진흙 속에 가라앉을 것이기에.
그것은 버텨야 하리
들어 올릴 수도
죽을 수도
살 수도 없으니
힘은 뻣뻣이 굳고
존엄함은 한낱 짐일 뿐

반쪽 아치 아래
소리 없이 날뛰며
끓어오르는 소용돌이
그 안에서 수액은
증기로 사라질 뿐

그래도 반쪽 아치는 돕고 싶어하니
아치 없이는
저 깊은 심연에서
두려움과 강제
도주와 불신
탐욕과 피
살육과 분노의
소용돌이 속
먼지로 부서지는 숱한 이들
붙들어 주고 싶어 하네.

내게 손을 다오.
너와 나 사이
벽은 사라졌네.
너는 묻고 있네.
"내 역할이 무엇이냐?"

아래로는 무시무시한
높은 파도 휘몰아치고
얼룩덜룩 누더기
떠다니네.
낡은 건물 더 이상 받칠 수 없는
나무 기둥의 잔해들
잿빛 물속 휘젖고 있네.

보라.
너는 반쪽
하지만 우리는 곧
그보다 나아지리!
우리는 가까이 있네.
아주 가까이.

내게 손을 다오.
우리는
아래와 위를 잇는
띠, 끈
아치
다리

새로운 것 태어났으니
모든 것 지으신 **그분**
우리 찬양하리.
대지 위 반쪽이던 것
온전해지리.

우리는 굳세리라.
그분이 다스리리라.
길은 열려 있네.
그분이 말하니
"그렇게 될지어다!"

나는 X를 위한 메세지를 기록했지만, 그 사이 그가 부다페스트를 떠나버려 전할 수가 없었다. 22년이 지난 후에야 그는 그 모든 메시지를 받게 됐다.

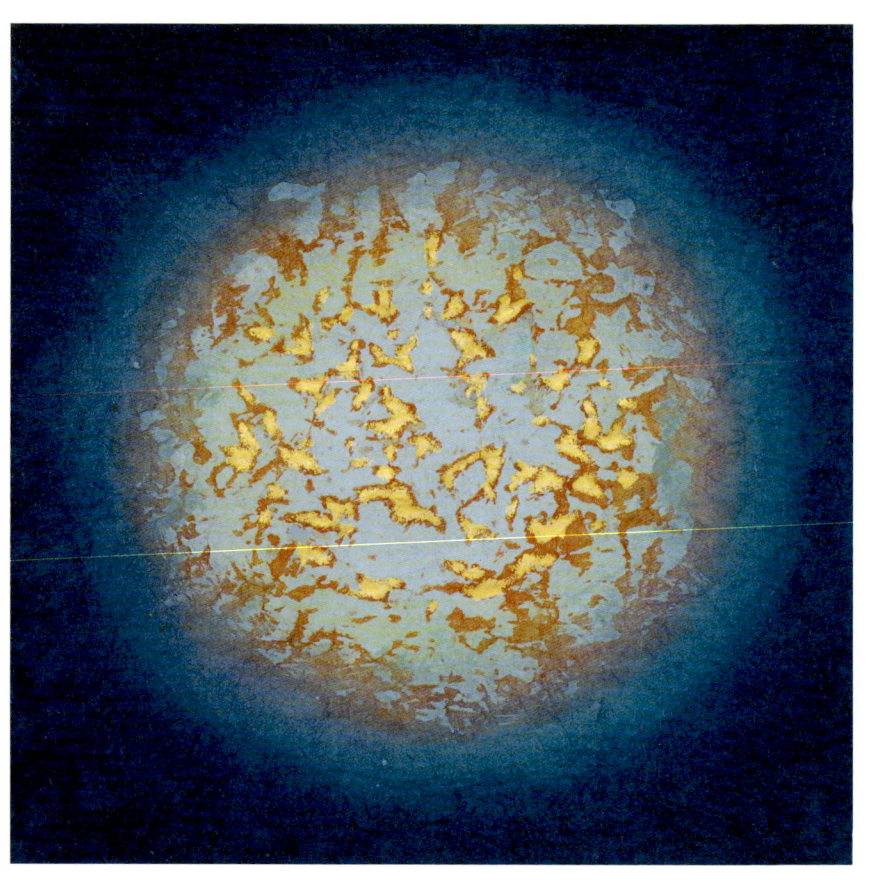

1944년 1월 13일

두 번째 탄생

어두운 품 안,
여리고 발가벗은 아이
물기 촉촉한 채
헤엄치네.
멀리 희미한 빛
꿈속에서 보일 듯 말 듯
아이가 커가고
품은 좁아지네.
높이
문을 향해!
뚫고 나오라.
빛을 향해.
그 어떤 장애도
너를 막지 못하니!
밤은 물러가
저 아래 머물고
아이는 영원한 삶으로
깨어나네.
죽음은 사라지고
다시 오지 않으리.
오직 신 안에 머무는
삶이 있을 뿐.

1944년 2월 7일

한나는 다시 천사의 현존을 느꼈다. 우리에게 말하기 위해 독일어를 사용하고 있었다.

산봉우리들 솟아올라
몸을 떨며
지고의 질문을 하네.
내 발가락들 산봉우리들 스치자
산봉우리들 타오르고
발바닥은
노래하네.
산들이 울리며
만물에
지고의 것을 요구하네.

나는 박자에 맞춰 춤추네.
자유롭고 벌거벗은 채
모든 것 담고 있는
세상의 맥박 속에서.

팔을 올리네.
태양, 그 온기가
내 온몸 뚫고 흐르네.
빛이 대지로 내려오니
위로부터의 응답이네.

조밀한 것은 성글어지네.
어두운 성운 반짝이네.

오색 무지개가
대지를 껴안으리.
여린 꽃들
깨어나 기다리리.
찬란한 색깔들은
먼 아래 쪽 단단한 것에서
소금물 빨아올리네.
소금물과 빛은
하나가 되고
꽃봉오리 피어나네.

내 이름은
새벽*

두려워하지 말라.
내게 손을 다오.
그 뾰족한 것들
내가 만지니
두려워하지 마라!
너는 산,
비탈도 아니요.
흙더미도 아니다.
요청하라!
그러면 낮이 되리라.

우리의 천사들은 지금까지 '측량하는 이', '건설하는 이', '돕는 이', '빛나는 이' 등, 그들의 특정한 소임에 관계된 명칭만을 우리에게 알려주었다. 독일말을 하는 그 천사만이 우리에게 자신의 이름을 말해 준 것인데 나는 이 사실을 선물로 여겨, 마음이 기쁨으로 가득찼다.

1944년 2월 21일

이번 독일어 메시지는 한나에게 전하는 것임을 느꼈다.

   탁한 하수물 넘치는
   그 골목길을 떠나라!
  하수물이 포도주 될 리 없다!
    포도는 상했나.
      내일
   새 포도를 심으라!

    숲 속에서
   홀로 순수해지라!

      곧
    싹이 트리라.
    너는 물을
    주어야 하리.
  포도송이 잡아뜯는
   바람 막기 위해
  버팀목 세워주어야 하리.
    너의 삶은
     주는 것.
  낮은 것은 높이 올리고
   괴로워하지 말고
   자기를 부수라!

   네 자신을 바쳐라,
  너는 **그분**의 정원사이니!

한나는 이따금 심장에 찌르는 듯한 고통을 느껴 괴로워했다. 내가 매번 걱정되어 물을 때마다 그저 "이 통증은 몸에서 오는 게 아니야." 하고 말할 뿐이었다.
나는 인간이 오늘날처럼 많은 고통을 경험한 적은 아마 없었으리라고 느꼈다.
나는 한나가 천사의 빛 뿐만 아니라 주위의 고통에 대해서도 똑같이 예민하게 받아들이고 있음을 느꼈다. 나중에 전해진 이 마지막 독일어 메시지는 한나의 고통에 대한 답이라고 생각됐다.

오늘은 오늘
내일은 내일
나는 오늘이며
내일이다.
그것이 바로 공간을 초월하고
시간을 초월한 나의 존재.
나 자신의 것이 되어라!

길은 하나다.
날카로운 창들
그 너머 저 위의
가장 높은 곳,
우리는 그곳에서
노래하며
춤춘다.

무거운 짐은 내려 놓으라.
그러면 더 이상
아프지 않으리라.

저 위 가장 높은 곳들조차
위에 있는 것이 아니고
아래에 있다.
저 깊고 깊은
신의 마음 속에 있다.
고통.
오직 한 마음
한 알의 씨앗
한 마디 말이 있을 뿐.
영원한 피난처.
멀지도
아득하지도 않은 곳
창들이 저 허공을 가로지를 뿐인 곳.
허공은 허공이 아니네.
일곱 개의 창들이
서로 만나네.
허공 대신
고통.
너의 심장.

우리 찬양의 노래 부르네.
우리 더 이상 너를 걱정하지 않네.
그 창들은 빛으로 이루어졌으니.
오직 조밀한 것들만이
아프게 하리.
울지 마라.
심판하지 마라.
빛나라!
너는 빛이 아닌가.

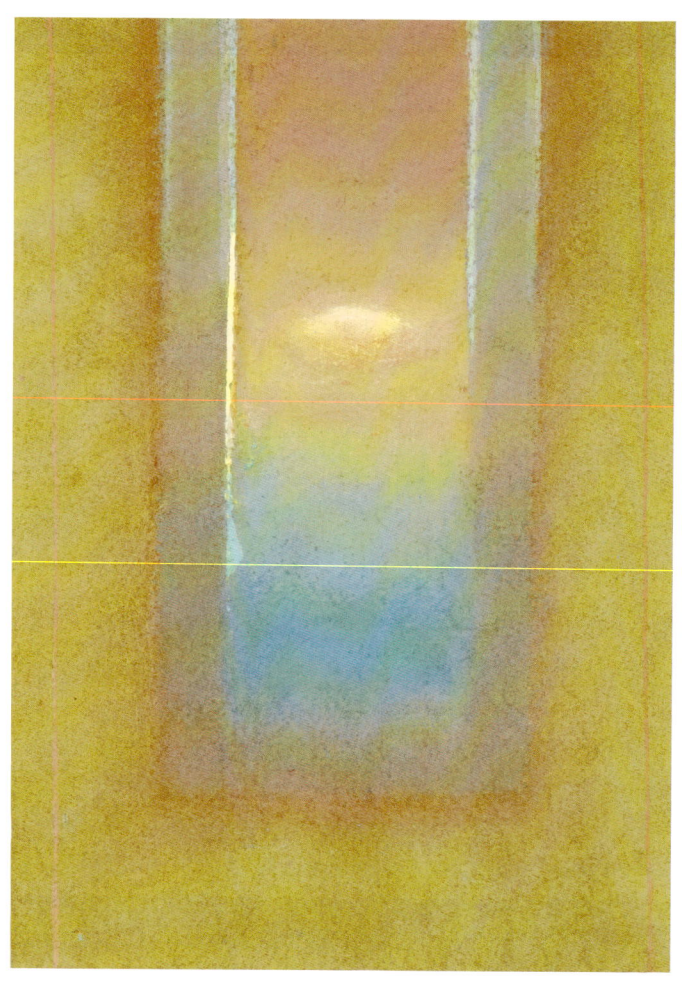

내가 너에게 내이름을 주리라.
홀로인 자들 만이
이름을 갖는 법.
빛이어라!

이름은 의무가 아니다.
씨앗은 이듬이나.
오직 홀로인 자들 만이
이 선물을 받는다.

오늘 나는 너에게 내 이름을 주노라.

내 이름은
새벽
영원 속에서 영원한.

다른 이들은 걷는다.
너는
춤 추어야 하리.
창 끝을 넘고
모든 것의 무게를 넘어.
너의 춤은
오직 빛의 드러남
너는 빛의 드러남
너는 나와 함께 한다.
용기를 잃지 마라.

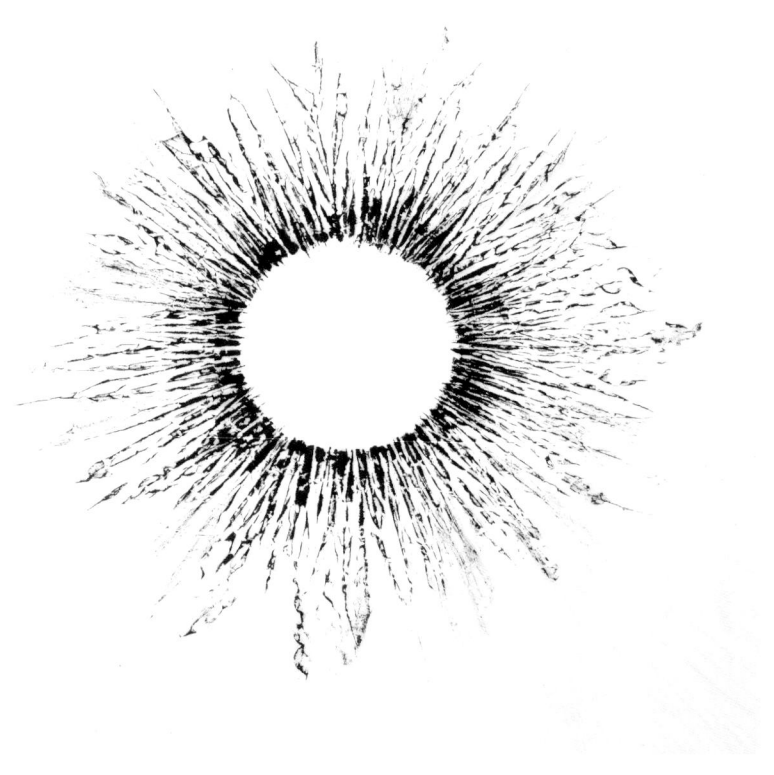

나 너에게 세 가지 선물을 주리니,
말하라!
두려워 말고 행하라!
내가 되어라!

나
너
그분,
하나.

영원한 존재란 베풂이다.
태초에
"네게 준 선물" 이
있었다.

집으로
돌아오라!

---

* 독일어로 모르겐(Morgen)은 부사적 의미의 '내일' 과 명사적 의미의 '아침', 두 가지 뜻이 있다. "나는 오늘이며 내일이다."라는 번역을 선택한 것은 이 문장이 몇 줄 후에 등장하는, 스승님의 시간을 초월한 본질에 대한 내용을 예고하고 있기 때문이다.

방혜자 (方惠子)

아차산 밑 능동마을에서 태어났다. 어린 시절을 자연 속에서 보냈으며 예술적 분위기의 가정에서 자라났다. 서울대학교 미술대학 졸업 후 1961년 프랑스 파리로 유학, 그곳에서 창작 활동을 계속하고 있다. 한국, 프랑스, 독일, 미국, 캐나다, 스웨덴, 벨기에, 스위스, 일본 등 세계 각국에서 70회 이상의 개인전과 다수의 전시회를 가졌다.
저서로는 〈마음의 소리〉,〈마음의 침묵〉, 〈빛으로부터 온 아기〉 등과 김지하 시인의〈화개〉, 프랑스 시인 샤를르 쥘리에의 〈그윽한 기쁨〉, 로슬린느 시빌르의 〈투명한 노래〉, 〈침묵의 문으로〉, 한국 고승들의 선시집 〈천산월〉 등의 시화집을 프랑스에서 출간했다.

알렉상드르 기유모즈

프랑스 인류학자로서 50여 년 전부터 한국을 사랑하며 한국의 민속과 신앙을 연구하였다. 저서로는 〈미역, 노인, 신〉과 〈부채무당〉이 프랑스어로 출판되었다. 그외에도 한국에 관한 다수의 연구 논문을 발표하였다. 파리 사회과학대학원 교수직을 은퇴한 후 좀 더 세계적인 차원의 인류학 연구를 계속하고 있다.

작품목록

P. 3 빛의 보표 (譜表) ǀ 50 x 35cm ǀ 2012
P. 8 빛의 입자 ǀ ø 32 cm ǀ 2011
P. 10 빛의 보표 (譜表) ǀ 95.5 x 71cm ǀ 2013
P. 12 빛의 찬가 ǀ 171 x 209 cm ǀ 2000
P. 14 빛의 입자 ǀ 31 x 31 x 3 cm ǀ 2007
P. 16 빛의 탄생 ǀ 71 x 129.4 cm ǀ 2012
P. 18 수액 ǀ 48 x 66 cm ǀ 2011
P. 20 빛의 눈 ǀ 69 x 90 cm ǀ 2004
P. 22 하늘과 땅 ǀ ø 179 cm ǀ 2010
P. 25 마음의 빛 ǀ 58.7 x 43.6 cm ǀ 2000
P. 28 융해된 화석암 ǀ 92.5 x 62 cm ǀ 2011
P. 30 빛의 보표 (譜表) ǀ 83 x 60 cm ǀ 2013
P. 33 빛의 춤 ǀ 71 x 71 cm ǀ 2013
P. 34 빛의 춤 ǀ 71 x 71 cm ǀ 2013
P. 36 금빛 숨결 ǀ 46 x 59 cm ǀ 2008
P. 38 새벽 ǀ 45 x 61 cm ǀ 2011
P. 40 물성과 빛 ǀ 96 x 131 cm ǀ 2010
P. 42 빛의 탄생 ǀ 40 x 45.5 cm ǀ 2012
P. 45 빛의 숨결 ǀ ǀ ø 32 cm ǀ 2011
P. 46 빛의 입자 ǀ ø 32 cm ǀ 2011
P. 48 여명 ǀ 58 x 58 cm ǀ 2013
P. 50 빛의 보표 (譜表) ǀ 50 x 35cm ǀ 2013
P. 52 태초에 ǀ 2011
표지 : 빛의 보표 (譜表) 50 x 35cm ǀ 2012

사진작가
최영진, 자끌린느 하이드, 쟝 끌로드 로지, 쟝 마르땡 바르뷔

© banghaija.com

MORGEN - AUBE
Messages transmis par Hanna Dallos
transcrits par Gitta Mallasz

Copyright ⓒ Daimon Verlag
Einsiedeln, Switzerland

새 벽
2013년 10월 12일

번역 알렉상드르 기유모즈
그림 방혜자
발행 이상미
예술감독 방 훈
편집 방훈, 김광호, 고은미
표지 글씨 김지수
인쇄 으뜸 프로세스

도서출판 도반
031-465-1285
doban0327@naver.com
경기도 안양시 만안구 안양2동 689-212번지